A Kalmus Classic Edition



Franz

# LISZT

## LEGEND

Bird Sermon of Saint Francis of Assisi

PIANO SOLO

K 03633

Kalmus

# Deux Légendes.

## I.

## St. François d'Assise. La Prédication aux oiseaux.

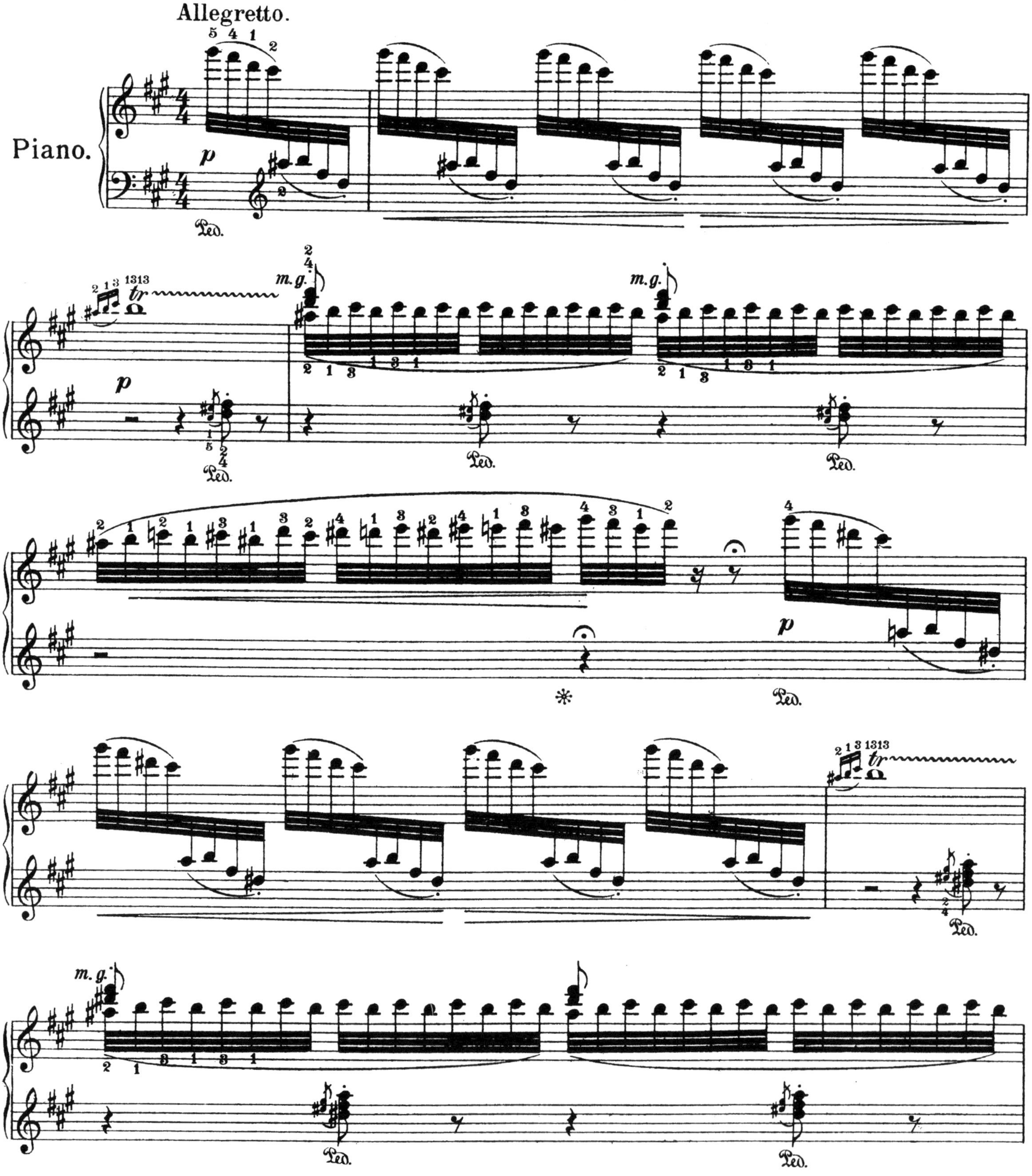


Belwin Mills Publishing Corp.

cresc.
p dolce
un poco accel.
ritard.
a tempo
dolce graziosamente

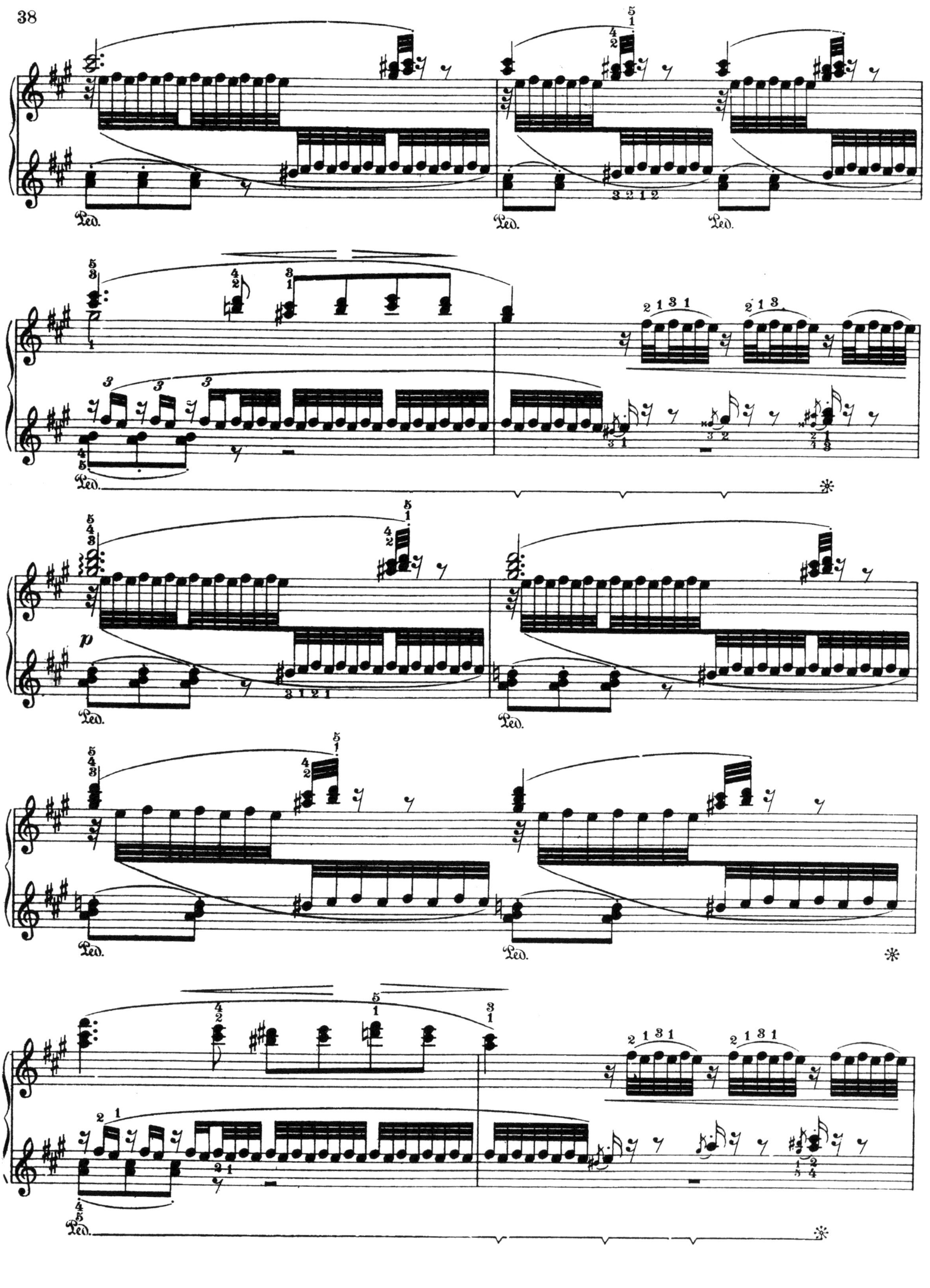
p
Ped.

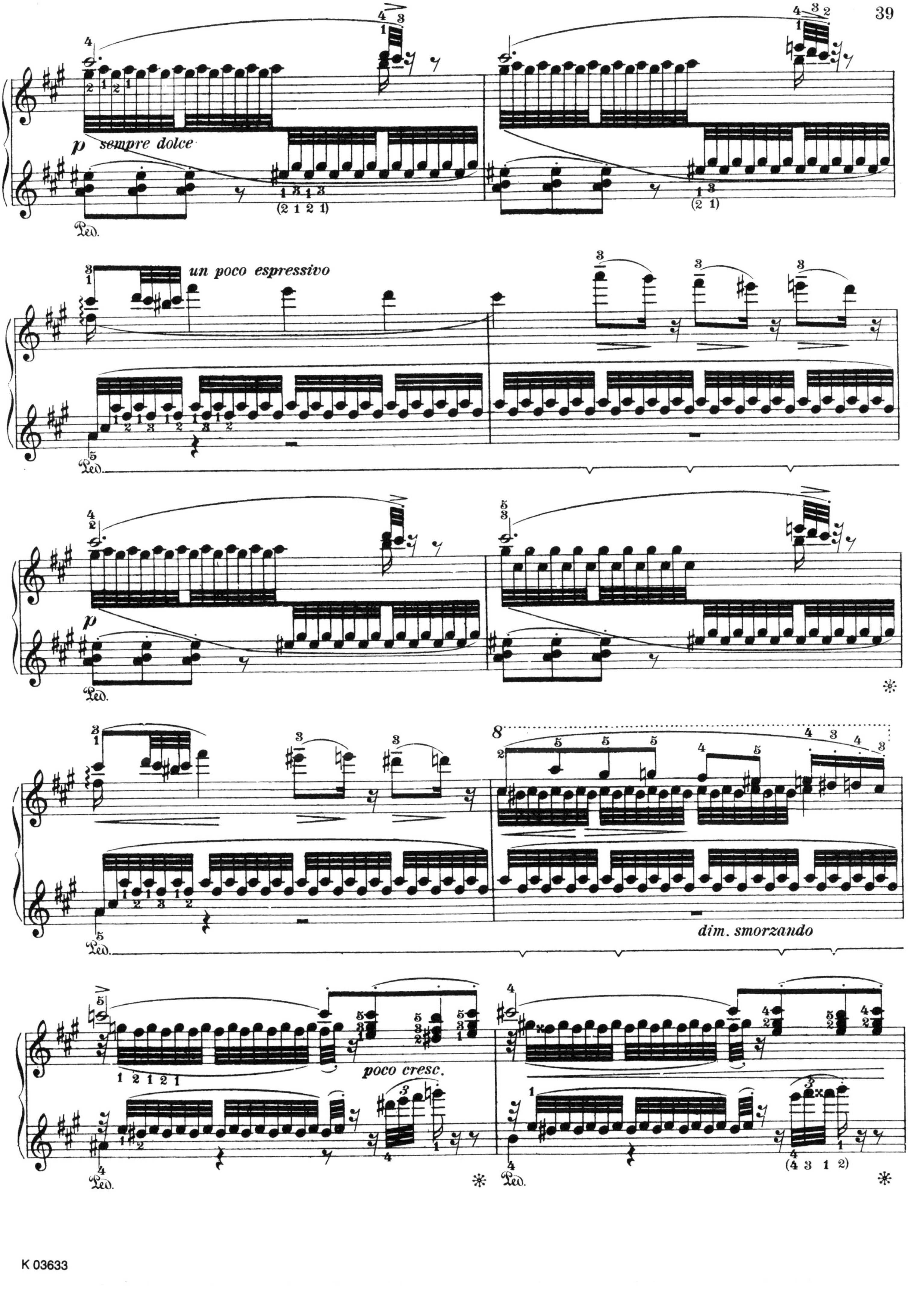
p sempre dolce
Ped.
un poco espressivo
Ped.
p
Ped.
8
dim. smorzando
Ped.
poco cresc.
Ped.
Ped.

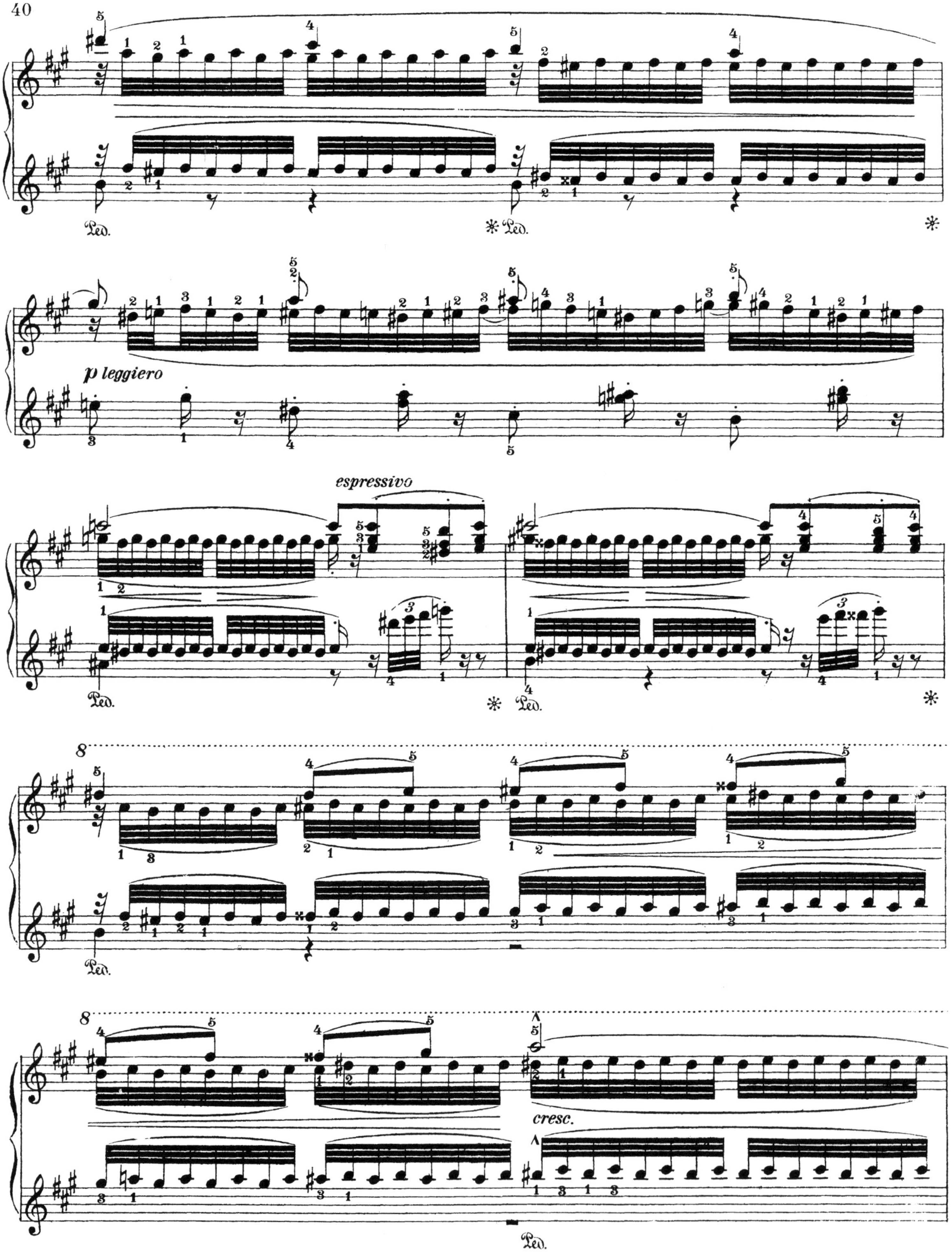
Ped.
p leggiero
espressivo
cresc.

un poco string.
cresc.
frinforz.
dimin.
ritenuto
smorz.
Recitativo, un poco ritenuto il tempo.
p dolce
string.
leggierissimo
una corda
sopra
come prima
tre corde

string.
pp
una corda
Ped.
p come prima
tre corde
string.
pp
una corda
Ped.
p come prima
tre corde
pp
una corda
Ped.
p
tre corde
sf
pp
Ped.
pp
Ped.
p
flebile
Ped.
ritard.
dimin.

Maestoso.
solenne
mf
ten.
cresc. molto
ten.
ten.
maestoso assai
ff
ff
ff
riten.
rinforz.
ff
marcato
pp poco a poco ritenuto molto e smorz.
una corda
pp
dolcissimo
p
espress.
sempre una corda
dolcissimo leggiero e non agitato

Ped.
un poco cresc.
leggierissimo
pp
Ped. un poco marcato ed espress.

leggiero e dolcissimo
pp
leggiero e dolcissimo
poco a poco string.
poco a poco cresc.
legatissimo
tre corde
ed accel.
maestoso
ff marcatissimo
sf

ten.
string.
8
maestoso
p
ff
ten.
marcatissimo
ff
sf
sf
ten.
string.
8
Maestoso.
p
ff
ten.
cresc. molto
marcatissimo
ff
simile
Tempo primo.
rit.
lunga
dim.
p
più p
p
dolce
una corda
espress.
smorz.
rall.
a tempo
dolcissimo
perdendosi
p dolce
pp
p

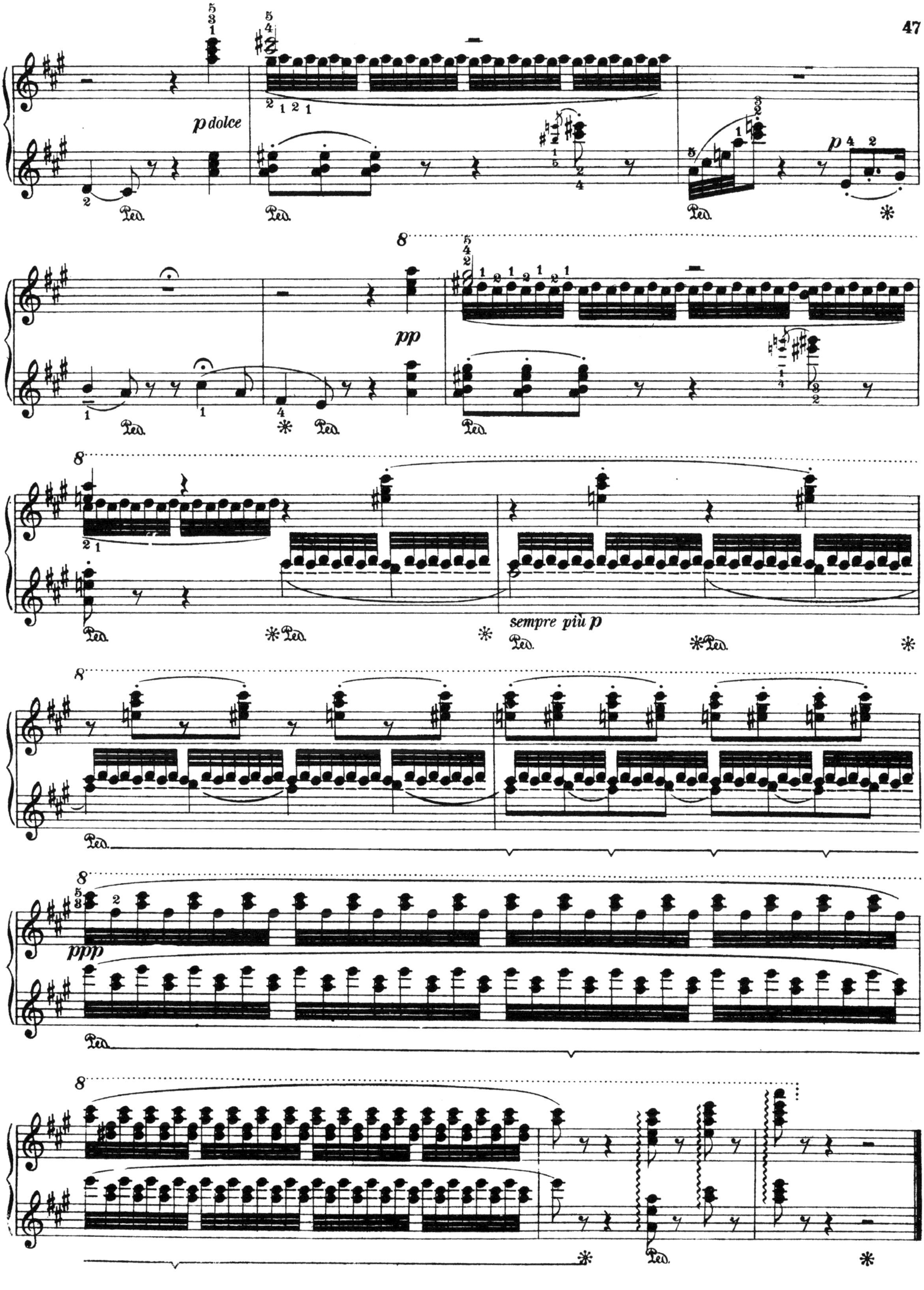
p dolce
pp
sempre più p
ppp
Ped.

Kalmus

LISZT

LEGEND

Alfred Publishing Co., Inc.
16320 Roscoe Blvd., Suite 100
P.O. Box 10003
Van Nuys, CA 91410-0003
alfred.com

*9780769249896*

TP
APEX